小天下

神奇樹屋小百科⑯

大海怪

瑪麗‧波‧奧斯本、娜塔莉‧波‧博以斯／文

薩爾‧莫多卡、吳健豐／圖

劉藍玉／譯

獻給 瑪格特・帕德克
以及紀念一位船長

科學顧問：

松克・強森博士（Dr. Sönke Johnsen）

杜克大學生物系助理教授。

古生物學顧問：

羅伯・巴克博士（Dr. Robert T. Bakker）

教育顧問：

海蒂・強生（Heidi Johnson）

地球科學與古生物學教師，
任職於美國亞利桑納州比斯畢市的羅威爾初級中學。

目錄

親愛的讀者：

　　當你置身在一片漆黑的大海裡，你會喜愛大海的神祕，還是會感到害怕？有人可能會忍不住想：如果大海怪突然抓住我的腳，該怎麼辦呢？我們對深海裡的生物，真的了解得太少了，所以我們決定找出有哪些生物住在大海深處，並且好好認識牠們。

　　學習新事物最好的方法就是動手做研究，在研究的過程中，我們發現好多有趣的知識。

　　我們先去圖書館，找到許多描述海洋生物的書；在那些書裡，我們看到許

多珍貴的圖片。接著我們又從網路上蒐
集到更多資料。研究這些資料不但讓我
們更了解大海，還有生活在海洋中的生
物，也讓我們覺得自己好像完成了一趟
深海之旅！

　　你知道大海裡許多生物會發光嗎？
快來和我們一起潛
入海中，展開尋
找深海生物的奇
妙探險吧！

傑克與安妮　上

1

大海怪

　　幾千年來，關於海怪的故事不斷流傳，許多人宣稱自己在某個海洋或湖泊中，曾經看過巨大的怪物出沒。

　　現今的海洋裡確實住著一些長相奇特的動物，看起來有點嚇人；而數百萬年前的海洋裡也的確有些生物，模樣很像怪獸。

活生生的大王魷

　　許多人相信，大王魷就是北歐神話中的「大海怪」。雖然有不少描述大王魷如何攻擊船隻和人類的故事，但卻很少有人親眼看過牠。

　　大王魷通常生活在大海深處，很難深入了解牠，因此過去科學家只能從被沖刷上岸的大王魷屍體來做研究。

　　2006 年 12 月，科學家在日本外海進行研究時，很幸運的拍攝到一隻活的大王魷！這隻年輕的大王魷受到誘餌吸引，想要捕捉餌鉤上的獵物而被鉤住，在掙扎了幾小時之後，這隻大王魷扯斷觸腕，游往深海。這是科學家

8

和活生生的大王魷第一次的
近距離接觸。

研究人員用小魷魚當餌，
吸引到一隻大王魷。

比暴龍還巨大

很久以前，巨大的生物稱霸海洋。科學家曾經在加拿大發現一副完整的海洋爬行類骨骼化石，體長超過23公

蛇、蜥蜴、烏龜和鱷魚都屬於爬行類。恐龍也是！

尺，幾乎是暴龍的兩倍長！

這隻動物悠遊在兩千五百萬年前的海洋中，而恐龍則在更早以前（約六千五百萬年前）就滅絕了。

利用現代的探測設備，科學家逐步了解大海深處，或許不久之後，就能找到傳說已久的「大海怪」。

充滿怪獸的海洋

從這張 16 世紀的冰島地圖
可以發現，四百年前的人們
認為海洋裡到處都有海怪！

2

探索海洋

　　1872 年 12 月，**挑戰者號** 從英國出發，展開為期三年的漫長航行。這艘船載著一群科學家，他們的目的是要進行人類史上第一次大型的海洋研究，找出生活在深海中的生物；因為當時有許多人不相信海洋深處也有生命。

　　這艘船原本是英國皇家海軍的戰艦，為了這趟科學之

旅而改造成海上實驗室。科學家除了攜帶顯微鏡、溫度計、各種化學藥劑外，還有專門採集海底物質的裝置。

在航行期間，研究人員蒐集到數千個海洋植物與動物的樣本、繪製了海底地圖，同時也記錄了不同地區的海水溫度與鹽度。

挑戰者號不僅帶著豐富的研究材料返航，同時也證明了在深海中也有各種生物棲息，海洋中的生命遠比當時任何人想像的更加豐富。

深海探險

1934 年，威廉‧畢比博士成為第一位潛入深海探險的

人類。他搭乘球形的深海潛水器，下潛到九百多公尺深的海中。由於當時沒有水下照相機，畢比博士必須將他在海中觀察到的一切先寫下來，再請畫家根據他的敘述

畢比博士（照片左方）和球形深海潛水器的設計者歐提斯・巴頓，一起站在潛水器旁。

畫出深海中的景象。

雅克‧庫斯托（1910-1997）

雅克‧庫斯托年輕時在一場車禍中受到重傷，為了恢復健康，他每天都在海裡游泳健身，覺得大海充滿神奇的魔力，於是決定用一生的精力來研究海洋。

雅克不僅發明了特殊的水下照相機和水肺，還擁有一艘知名的海洋研究船卡里普索號。這艘船載著雅克四處航行，經過許多年，雅克拍攝了許多珍貴的海中影片和照片；世界各地的人們也透過雅克的鏡頭，見識到多采多姿的海洋世界。

18

雅克最大的心願，是要讓每個人都能善待海洋，他曾經說：「人們會保護自己鍾愛的事物。」

　　雅克過世後，科學家又發明了新式的無人潛水艇，可以潛入深海蒐集研究資料，我們也因此將更有機會了解這片美麗的藍色世界。

法國探險家
雅克‧庫斯托

海裡來的怪聲

　　1997 年夏天，研究人員利用水下探測器蒐集資料時，錄到幾段奇怪的聲音。這些聽起來很像是來自大型水中動物的聲響，讓科學家非常困惑。

　　當時科學家推測，如果世界上真的有這種生物，牠的體型應該會比目前已知世界上最大的藍鯨還要大！

　　不過，最近幾年，科學家又監測到類似的聲音，經過分析，科學家相信這個來自海洋的怪聲，極有可能是南極冰山崩落造成的。

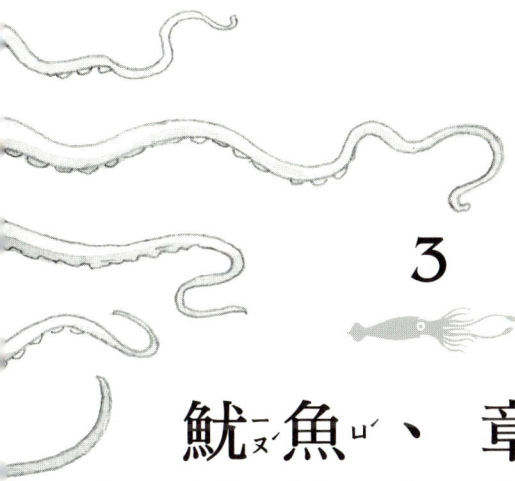

3

魷魚、章魚和其他海洋生物

大多數已知的海洋生物都生活在淺海，但是仍然有許多生物住在遠離海面的深海區域。生活在深海裡的大王魷，偶爾會出現在淺層的海洋，因為巨大的體型看起來很嚇人，所以經常被當作大海怪。

科學家曾在海面下九百公尺深處，拍到活生生的大王魷。

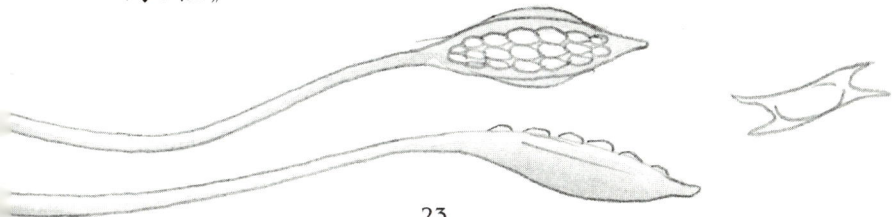

神祕的大王魷

魷魚沒有脊椎，和蝸牛及烏賊、章魚一樣屬於軟體動物。

全世界的魷類有很多種，大王魷可能是其中體型最大的。科學家只知道大王魷住在海洋深處，對牠的生活習性並不十分清楚。

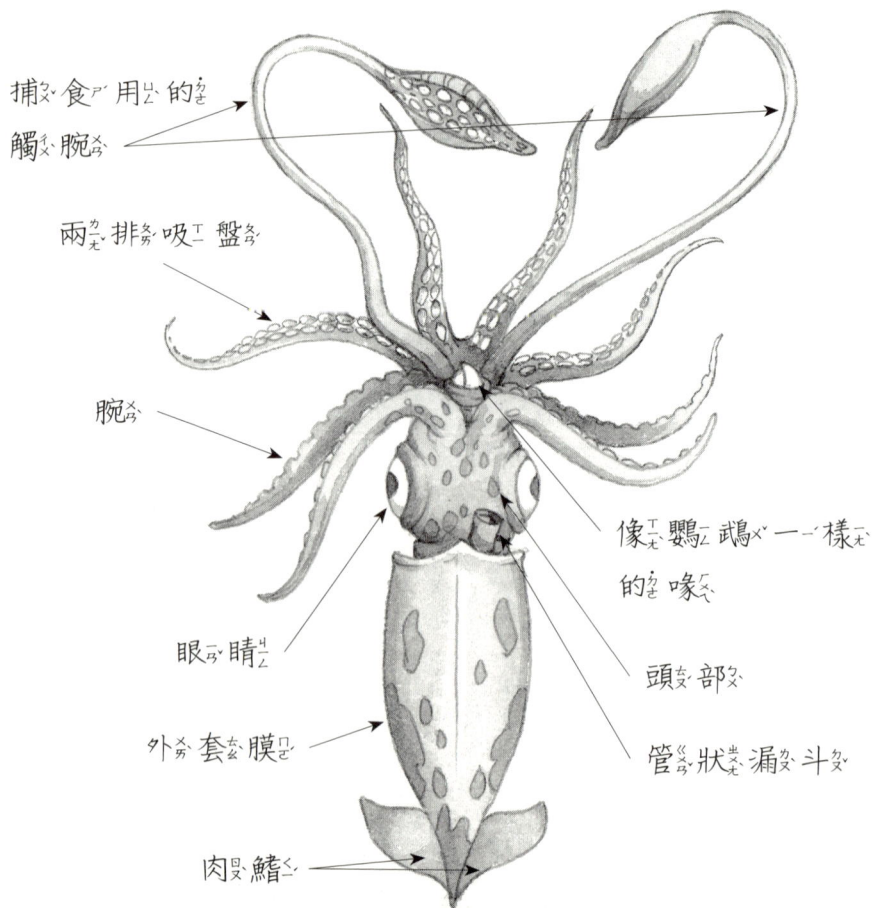

捕食用的觸腕

兩排吸盤

腕

眼睛

外套膜

肉鰭

像鸚鵡一樣的喙

頭部

管狀漏斗

目前我們知道大王魷有巨大的頭部和眼睛、堅硬有力的喙、八條強壯的腕，以及兩條比腕長很多、可以伸縮的觸腕。大王魷的觸腕可以長達 9 公尺，末端有吸盤，八條腕上也都有兩排強而有力的吸盤，吸盤口則有一排環狀的利齒。

魷的腕有兩排吸盤，這張特寫可以看到吸盤口的利齒。

最大的眼睛

　　大王魷的眼睛是所有動物中最大的，牠們的眼球直徑可達 30 公分以上，比籃球還要大！或許是因為生活在漆黑的深海中，所以大王魷需要一雙巨大的眼睛來看清周圍環境。

捕食獵物

　　魷是掠食性動物。大王魷會捕捉其他海洋生物作為食物，但科學家還不確定牠們的主要食物是哪一類動物。

　　大王魷會運用觸腕捕捉獵物，再用另外八條腕將捕獲的食物送進嘴中，同時用堅硬的喙把食物切成小碎片。

因為魷的食道會先經過腦再通到胃，因此食物必須先通過大王魷嘴裡布滿細小尖齒的「齒舌」，切成更小的碎片，才不會刺傷腦部。

魷類的喙看起來很像鸚鵡的喙。

移動方式

大王魷可以每小時37公里的速度在水中移動。需要快速移動的時候，大王魷會先吸入海水，再將水從管狀漏斗噴出。藉著噴水的推力，大王魷可以隨心所欲的朝不同方向移動，同時靠著有力的鰭來穩定身體。

魷魚的管狀漏斗可以彎曲，因此能夠用肌肉控制，朝不同方向噴水。

大王酸漿魷

多年來，科學家都認為世界上體型最大的魷魚就是大王魷，直到1925年，研究人員從一頭抹香鯨的胃裡，找到幾隻魷的觸腕，跟大王魷的觸腕不一樣，於是推測它們來自另一種巨型魷魚！

28

科學家將這種魷魚命名為大王酸漿魷，後來又陸續在其他鯨類的胃裡發現大王酸漿魷的觸腕，還有漁夫網到大王酸漿魷身體的一部分。

大發現

2003 年，有漁夫在南極海域捕魚時，網到一隻大王酸漿魷，全長將近 5 公尺，是一隻未成年的母魷魚，這是世界上僅有的幾隻被完整捕捉到的大王酸漿魷之一。

大王酸漿魷的吸盤裡有可以旋轉的鉤爪，而不像大王魷的吸盤裡是環狀的利齒。此外，大王酸漿魷的眼睛和身體也都比大王魷更大。

大王酸漿魷的發現數量比大王魷更稀少。

29

巨型魷魚和抹香鯨

　　抹香鯨會獵食深海魚類、烏賊和魷魚，包括大王魷和大王酸漿魷。科學家曾在一隻抹香鯨的胃裡，發現一萬多個無法消化的魷魚的喙！

　　成年的雄性抹香鯨可以成長到 15 公尺左右，牠們會潛入非常深的海

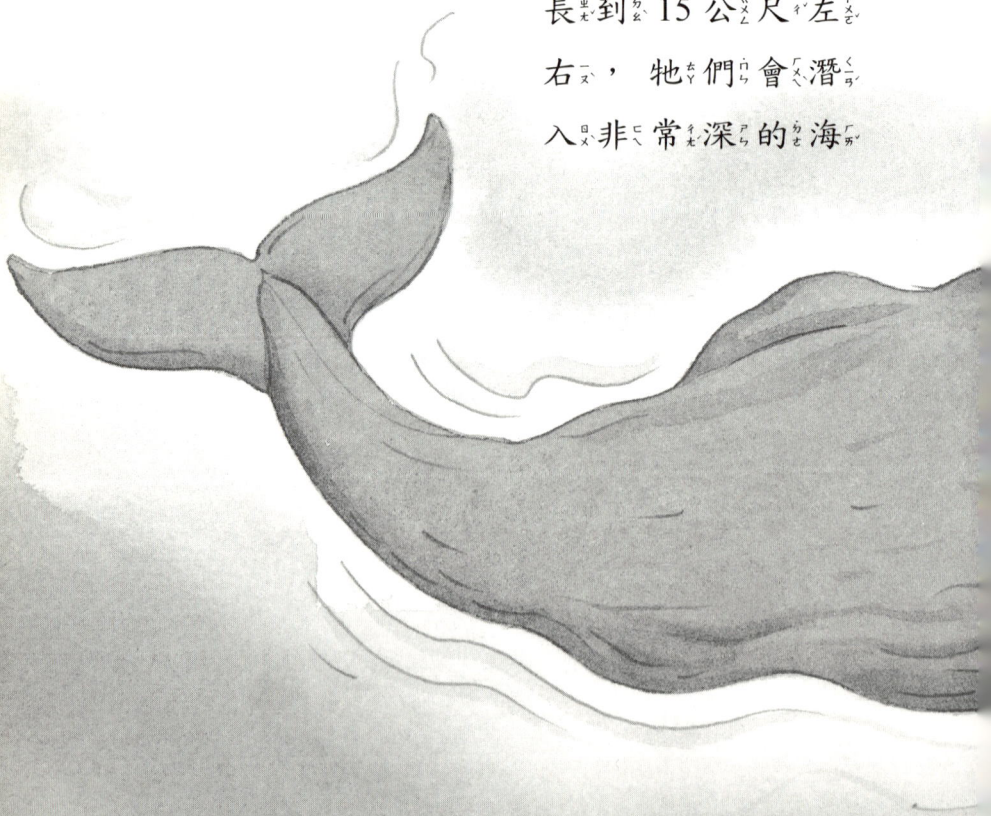

中，而且還能閉氣兩個小時以上，不用浮出水面換氣！

沒人親眼看過抹香鯨大戰巨型魷魚，但是科學家常

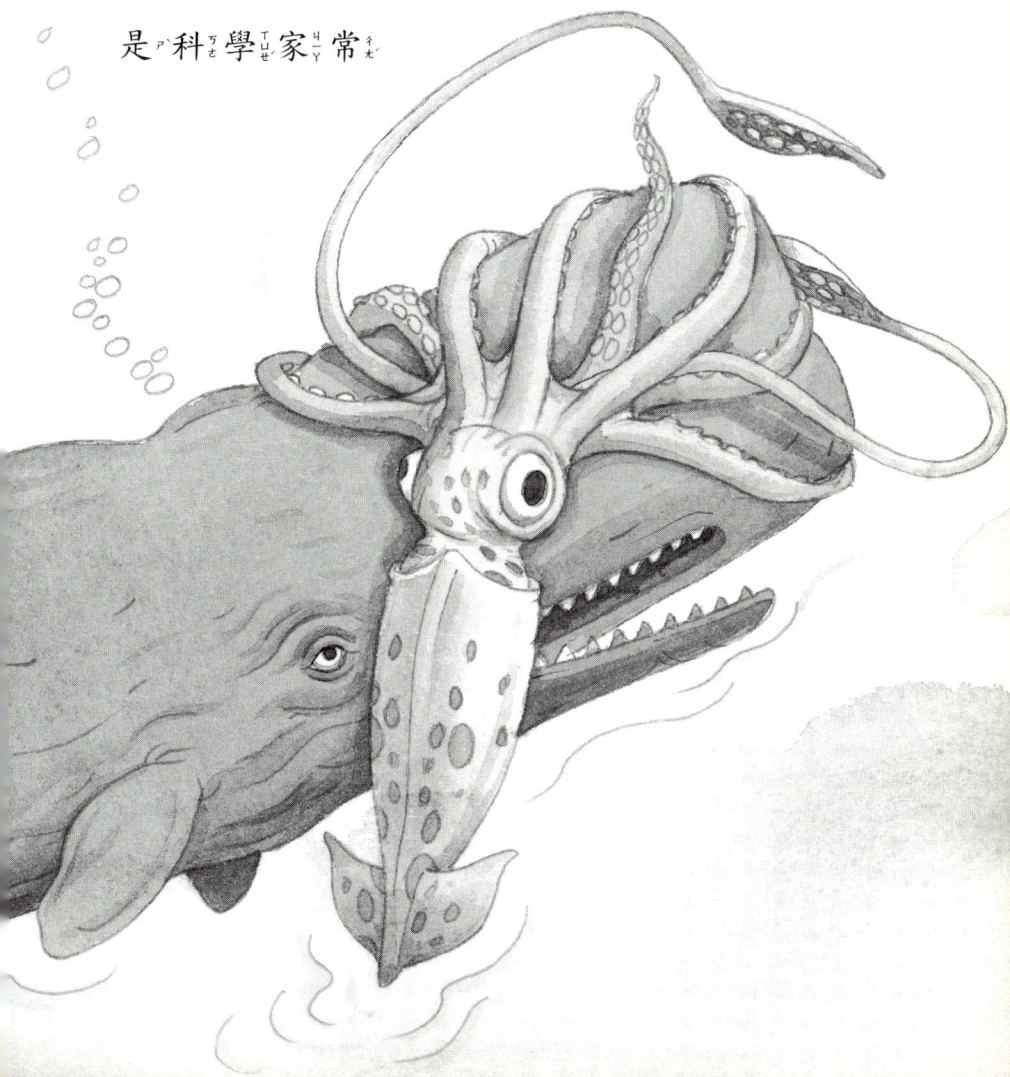

在抹香鯨的皮膚上，發現巨型魷魚的吸盤造成的傷痕。

章魚

　　章魚的種類很多，分布在世界各海洋中，不同種類的章魚體型差異也很大。目前已知體型最大的章魚是北太平洋巨型章魚，牠的腕長將近 5 公尺。

　　章魚只有八隻腕，不像魷魚還有兩隻特別長的觸腕，也沒有鰭。章魚的每隻腕上都有兩排吸盤，吸盤裡有味蕾，只要接觸到物體就能用味蕾分辨味道。章魚的腕如果斷掉，還可以再生。

　　章魚通常利用腕在海底爬

章魚的英文 octopus 源自希臘字，意思是「八隻腳」。

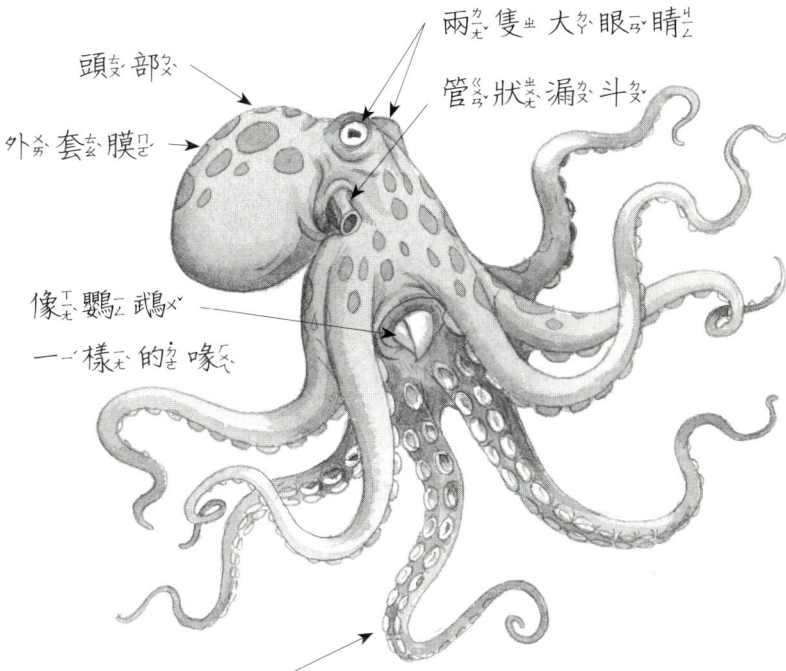

頭部
外套膜
兩隻大眼睛
管狀漏斗
像鸚鵡一樣的喙
八隻腕，每隻腕的內側都有兩排吸盤

行，但是當牠需要快速移動時，也和魷魚一樣，可以藉由管狀漏斗噴射水柱，來快速移動身體。

大頭章魚

章魚雖然長相奇特，有些

看起來好像很危險，但多數章魚其實都很害羞怕人。

章魚有巨大的腦，環繞在喉嚨周圍。科學家發現，章魚有學習能力，差不多跟狗一樣聰明！

西雅圖水族館曾發生這樣的故事：某天晚上有隻章魚從自己的水族箱裡爬出來，鑽進其他水族箱，吃了幾條魚後，又神不知鬼不覺的溜

等等！還是有一種章魚很危險，那就是藍環章魚，牠們的毒液可以在幾分鐘內置人於死。這種章魚大約只有一顆雞蛋大小。

回自己的水族箱。直到第二天早上，飼養員才從地板上的水痕發現牠昨晚的行蹤。

德國的某座動物園曾有一隻名叫弗麗達的母章魚，在看過飼養員的動作後，就知道如何打開蝦子罐頭。後來弗麗達還在動物園裡定期表演「開罐秀」給遊客看！

這隻章魚正在打開裝有蝦子的塑膠彩蛋。

打造一個家

　　章魚棲息在海底的洞穴或岩石裂縫中，而且會在洞穴入口處堆放石塊，防止敵人入侵。

　　科學家曾經觀察到一隻章魚捕到幾條魚後，先小心的把一些石頭推到前方作為屏障，然後才舒服的坐在臨時堡壘內享用大餐。

　　母章魚會在自己居住的洞穴裡產卵，然後留在洞裡照顧這些卵，一直到小章魚孵化出來，時間最長可達六個月。北太平洋巨型章魚一次能產下五萬七千顆卵，每顆卵的大小和米粒一樣；在這麼多的卵當中，只有極少數

雌性北太平洋巨型章魚的壽命大約三到五年，牠們通常會在產下的卵孵化後，很快就死亡。

可以存活下來。

自我防衛

　　章魚能快速變換體色，偽裝成周圍的石頭或環境裡的花紋；也就是說，章魚會利用**保護色**來保護自己。

　　當章魚身陷危險時，會噴出一股黑色墨汁把海水變得混濁，趁著攻擊者的視覺、嗅覺受到干擾，章魚就可以迅速脫困。有些章魚的墨汁裡含有毒素，可以麻痺攻擊者或獵物。

夜間的獵人

　　章魚是夜行性掠食動物，通常在夜晚展開捕獵行動。

章魚的食物包括魚類、龍蝦、蛤蜊、海螺、螃蟹、海龜、蝦、扇貝等。如果章魚的獵物有硬殼保護，牠會試著利用嘴裡的硬喙來咬破獵物的殼，並且從咬破的地方注射毒液、麻痺獵物，當獵物的閉殼肌被毒液麻痺而鬆弛，章魚就可以輕鬆打開外

一隻北太平洋巨型章魚正在享受牠的獵物：一條白斑角鯊。

殼，大快朵頤。

章魚的特色
八隻靈活的腕
很大的腦
棲息在洞穴或岩石裂縫中
會噴墨汁
體色可以改變

水族館裡的神祕事件

西雅圖水族館將錐齒鯊和其他動物一起養在某個大水族箱裡，這裡曾經發生過一宗懸案。錐齒鯊的飼養員發現水族箱底部陸續出現幾條鯊魚屍體，但是沒有人知道發生了什麼事。

為了解開這個謎，工作人員在水族箱裡架設了一臺攝

影機，結果他們從監視器裡看到一條鯊魚正四處悠遊，突然從水族箱底的岩石中，竄出一隻北太平洋巨型章魚攻擊這條鯊魚。章魚用八隻腕緊緊纏繞住鯊魚，雖然鯊魚拚命掙扎，但還是沒辦法掙脫。隔天，水族箱底又多了一具鯊魚屍體。

不好惹的小個子

雌性毯子章魚可以長到 2 公尺長，直到幾年前，研究人員才在澳洲海域抓到一隻活的雄性毯子章魚。雄毯子章魚幾乎從來沒人見過，因為牠只有大約 2 公分長，跟一顆核桃差不多大。

我猜鯊魚和北太平洋巨型章魚沒有辦法成為好室友。

40

雖然個子小，但這種章魚很會利用武器來保衛自己。雄毯子章魚會從路過的水母身上拔下兩條有刺的觸手，一旦有敵人靠近，牠就會朝著敵人的頭部揮舞這兩條水母觸手，就像在說：「喂！老兄，閃遠一點，別以為我好欺負！」

雄性毯子章魚大約只有2公分長。

魔鬼魚（鬼蝠魟）

想像一下你正在珊瑚礁海域潛水，突然有一隻巨大的生物從你頭頂上掠過。這隻怪物有一雙巨大的黑色「翅膀」，頭上長了一對角、還有一張血盆大口……

這種生物叫做鬼蝠魟，又

鬼蝠魟

稱為雙吻前口蝠鱝；或許你會覺得魔鬼魚這個外號更貼切。鬼幅魟可長到將近 5 公尺長，體重超過2000公斤。當鬼幅魟游泳時，牠們的胸鰭會緩緩上下拍動，看起來就像一對翅膀。

鬼幅魟游泳時，會張開嘴巴過濾水中的**浮游生物**作為食物；而那兩支角則是頭部一對喇叭狀的鰭狀肢，可以導引水流，將浮游生物送進嘴巴裡。

雖然鬼幅魟看起來有一點嚇人，可是牠們個性溫和，不會傷人，也沒有毒刺。「魔鬼魚」這樣的稱號只是因為頭上長了兩支角。

浮游生物是漂浮在水中的微小動、植物。很多海洋生物都以浮游生物為食物。

史帝夫‧厄文和女兒賓蒂正在和一隻小孟加拉虎玩耍。

史帝夫‧厄文與刺魟

　　刺魟是鬼幅魟的親戚，不過體型小很多，大約只有60公分長，尾部長著尖銳的倒刺，帶有劇毒。刺魟身體扁

44

平，所以很容易藏身在海底砂石裡，不容易被發現。

史帝夫・厄文是位野生動物專家，也是知名的動物節目主持人，他有個外號叫鱷魚先生。2006 年，史帝夫在澳洲近海為節目錄影時，一隻受到驚嚇的刺魟將尾巴上的毒刺刺進史帝夫的胸腔，史帝夫在送醫途中死亡。

這是一起很可怕的意外事件，因為過去被刺魟攻擊而死亡的例子非常少見。

湄公河巨鯰

有種巨大的怪魚在湄公河下游生活了幾千年，叫做湄公河巨鯰，是目前已知世界

有些住在湄公河沿岸的居民認為，湄公河巨鯰是神聖的動物。

45

這條293公斤重的鯰魚，幾乎有兩個成年人雙手張開的長度。

上最大的淡水魚，可以長到3公尺長，嘴裡沒有牙齒。

2003年，幾個泰國漁夫捉到一隻巨大的湄公河巨鯰，體長2.7公尺、重達293公斤，這是目前人們看過最大的鯰魚。漁夫們和這條大魚奮戰了超過一個小時，好不容易才把牠拖上岸。當天晚上，

他們和家人一起快樂的享用了一頓鯰魚大餐。

入侵日本的巨大水母

在鄰近日本的海域，經常有成千上萬巨大的越前水母出現，這些水母可以長到1.8公尺寬、200多公斤重，有時幾乎占據整個海面。

很少有人因為被水母螫傷而死亡。如果你被水母螫到，要先用海水或鹽水清洗，再把醋擦在傷口上。

47

越前水母除了會把漁網擠破，還會吃掉大量漁獲，或是把漁獲壓死、螫傷，對漁民的生計影響很大。

世界各海域都有水母，牠們有柔軟的身體和長長的觸手，有些種類的水母甚至有好幾百條觸手。水母會用觸手捉魚作為食物，每條觸手上都長著有毒的刺細胞。

最長的動物

如果有人告訴你，世界上最長的動物不是鯨，也許你會覺得很驚訝，藍鯨不是目前世界上最巨大的動物嗎？事實上，如果要比長度，有些管水母的觸手可以長達40

僧帽水母是最有名的一種管水母，毒性很強，如果被這種水母螫傷，要用冰敷而不能用醋。

公尺，可算是最長的動物。

　　當我們了解事實真相後，再回頭看看那些「大海怪」的面貌，好像就不再那麼可怕了。無論是巨型的魷魚、章魚，或是其他看起來嚇人的海洋生物，其實都不是怪獸，而是讓人讚嘆的奇妙動物。

海邊的神秘遺骸

1993 年，智利海岸邊出現了一堆巨大的肉塊，似乎是某種海洋生物的屍體。但是這具屍體既沒有頭

也沒有骨骼，足足有 12.5 公尺長、5.8公尺寬。

智利海邊的神祕遺骸引起了一陣騷動，就連科學家也不知道這到底是哪種生物。經過許多研究和分析之後，謎底終於揭曉，原來這具神祕的海洋生物屍體就是死掉的鯨。

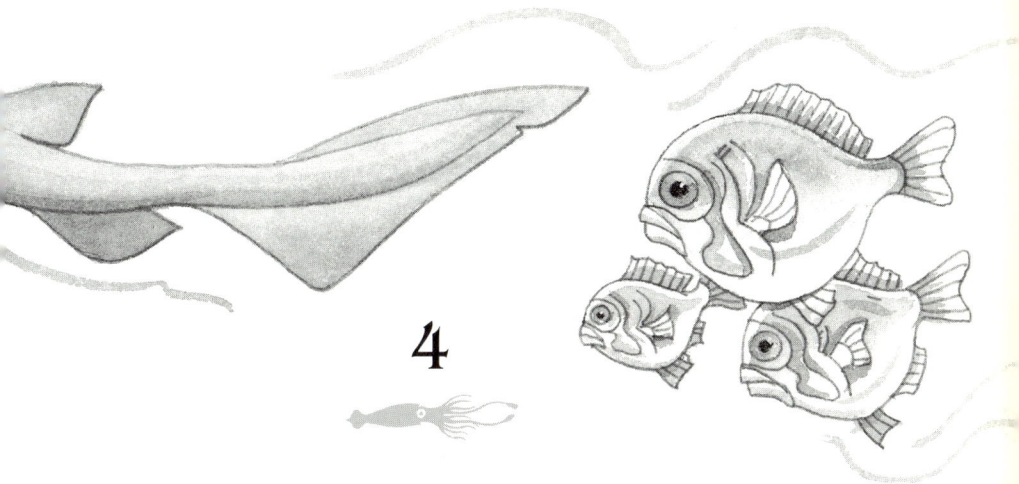

4

深海裡的生物

　　在海面下 1000 公尺深的地方，陽光完全無法到達。但即使在漆黑的深海裡，也有許多特別的生物居住。這些生物有些幾乎是透明的，你甚至可以看到牠們體內的器官；有些身上長滿銀色的鱗片，照射到光線時看起來閃閃發亮；還有一些生物會自行發光。

在深度超過 10000 公尺的大海裡，不只一片漆黑，水溫也非常低，大約只有攝氏 2 到 4 度而已。

地球上大部分海域的深度都超過 3600 公尺，這些海域占地球表面大約百分之六十的面積。深海底部是奇妙又可怕的地方，有許多活火山不斷流出岩漿；有巨大雄偉的海底山脈，比陸地上任何高山都要壯觀；還有一些深不見底、幾乎無法測量深度的海溝。

深海探險

海裡愈深的地方，水壓也愈大，人體無法抵抗深海中

2012 年，知名導演詹姆斯‧柯麥隆駕著特製的單人潛水艇下潛到一萬多公尺深的馬里亞納海溝中，拍攝了 3D 影片，並且蒐集樣本，提供科學家研究。

的龐大水壓，舊式的水下攝影機在深海裡也會被水壓破壞，所以過去的人們只能想像深海中的情景。不過現在已經開發出無人駕駛的小型潛水艇，可以搭載水下攝影機潛入深海中。透過這些新的裝置，科學家陸續發現許多前所未見的生物。

這隻螃蟹的體型跟一旁的小型無人潛水艇差不多大！

深海中的生活方式

深海中的食物並不豐富，所以有些深海動物會游到海洋表層覓食。多數的深海動物是獵食者，牠們會埋伏在黑暗中，等待獵物經過。

大多數深海動物的身體是黑色、紅色或是透明的。

為了捕捉體型比自己大的獵物，很多深海動物都有大嘴和利齒。寬咽魚整個身體幾乎就是一張大嘴，牠們會靜靜等待其他魚類經過，然

寬咽魚也稱為傘口吞噬鰻。

後盡可能的張開大嘴把獵物一口吞下。張大嘴巴的寬咽魚看起來就像是一把打開的雨傘。

發光生物

多數深海生物都會發光，其中有些是由生物本身的發光細胞產生，有些則是因為

生活在北大西洋水深約500公尺的寶石魷，發光器覆蓋了整個身體，皮膚表面看起來就像發光的草莓；為了適應深海環境，牠的眼睛一隻比較大，一隻則比較小。

蝰魚的嘴巴裡有超過 350 個發光器。

有會發光的微生物生活在體內，而能發出螢光。海洋生物產生的光大多為藍色或綠色，只有極少數會發出黃色或紅色的光。

吸血鬼烏賊

吸血鬼烏賊像章魚一樣有八隻腕；但是牠的身體末端有一對鰭，看起來又像烏賊或魷魚。

　　吸血鬼烏賊看起來既像烏賊、也像章魚，但其實牠既不是烏賊也不是章魚，這種奇特的生物在分類上自成一群，住在深海裡。

　　雖然吸血鬼烏賊的體型不大，大約只有30公分，但牠們的外型很嚇人。除了有一雙藍色的大眼睛、深紅或紫紅色的身體之外，牠們的八隻觸腕上長有尖刺，觸腕之

間還有皮膜連接也， 皮膜上有
許多發光器。

虛張聲勢

吸血鬼烏賊遇到危險時，
會張開八隻腕並且向上翻，
看起來就好像穿著吸血鬼的

生物發光的
目的：

1. 躲避獵食者
2. 同種類的生物互相辨認
3. 求偶
4. 吸引獵物

斗篷一樣。這種虛張聲勢的姿勢會讓吸血鬼烏賊看起來大很多。此外，吸血鬼烏賊還會放出一團發光的黏液來迷惑獵食者，並控制皮膚上的發光器，將自己點亮或熄滅，藏身在幽暗的大海裡。

吸血鬼烏賊在捕食時會張開觸腕，然後像漁網一樣覆蓋住食物。不過，科學家發現，牠們主要的食物是下沉到深海裡的生物殘骸或碎屑，而不是像章魚或烏賊，會主動獵捕其他動物。

鮟鱇魚

你看過自備釣竿的魚嗎？鮟鱇魚就是一種會「釣魚」的魚！大多數的鮟鱇魚生活在深海裡，牠們的體型並不大，但長得真嚇人。

鮟鱇魚的「釣竿」從頭頂上伸出來，前端稍微膨大，可以發出淺藍色的光。鮟鱇魚會在黑暗的海水中搖動這支「釣竿」，讓其他生物誤以為那裡有一條會發光的美

鮟鱇魚的英文 anglerfish 中的 angler 有「垂釣者」的意思。

鮟鱇魚

味小魚。 當好奇的魚被「釣竿」吸引而靠近鮟鱇魚時，牠會迅速張開大嘴，把獵物吞進口中。

鮟鱇魚的長牙不只銳利，而且朝牠的嘴裡傾斜，這些牙齒就像獵人的陷阱一樣，獵物一旦進去，完全沒有機會逃走。

雌鮟鱇魚的體型比雄鮟鱇魚大數十倍。 成年的雄鮟鱇魚一旦遇到雌鮟鱇魚，就會咬住雌魚的腹部，依附在雌魚身上生活。

當雄鮟鱇魚寄生在雌魚身上，寄生的部位會有組織和血管相連，雄魚就靠吸食雌魚的血液維生。

毛茸茸的球

右上方照片裡的東西像不像一顆長滿了毛的小球？ 這

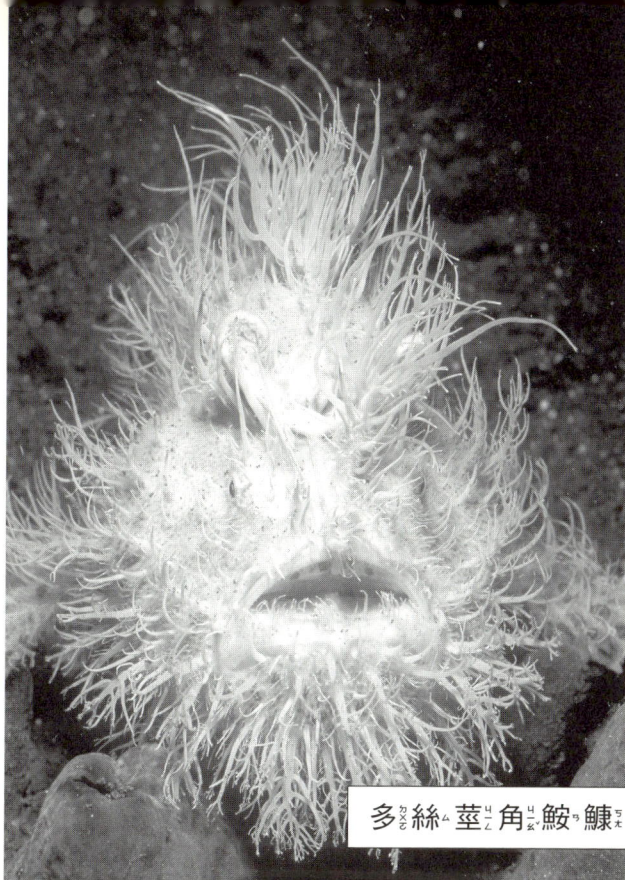

多絲莖角鮟鱇

是一條多絲莖角鮟鱇，這種
魚的身體就像球一樣圓滾滾
的，身上長滿了毛狀觸鬚。
這些觸鬚是多絲莖角鮟鱇的
感覺器官，作用就像靈敏的
天線一樣，可以協助牠們發
現獵物。

巨口魚

　　巨口魚有許多種，包含前面提過的蝰魚。牠們的體型多半不大，卻是相當凶猛的掠食性動物。

　　巨口魚的嘴巴下方有細長的下頜鬚，長度可以超過 1 公尺；有些種類的下頜鬚末端會發光，可以用來誘捕獵

這張照片可以清楚看到巨口魚的長牙和從牠下巴伸出來的細長下頜鬚。

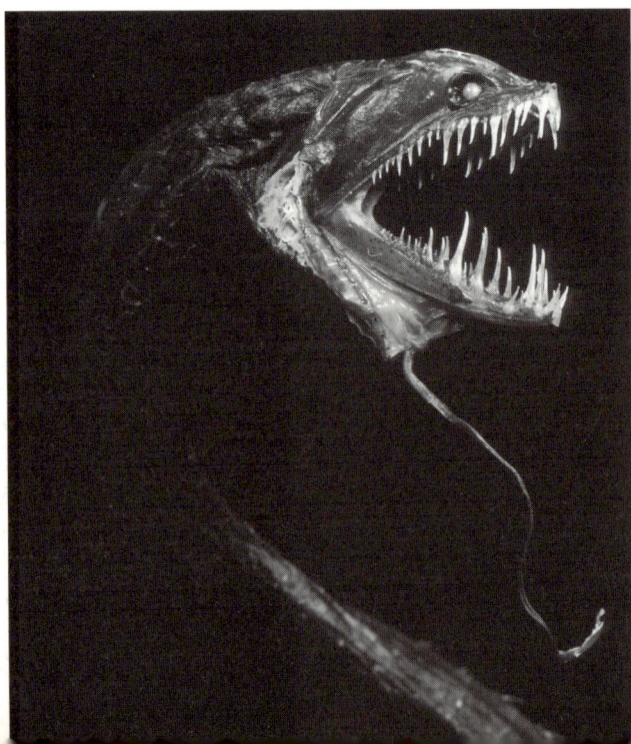

物。有些巨口魚的眼睛下方也有發光器，科學家猜測這對發光器能夠協助牠們在黑暗中搜索獵物，就像探照燈一樣。

因為大多數的巨口魚生活在深海中，科學家還無法完全了解巨口魚的行為模式。

皇帶魚

皇帶魚經常被誤認為大海蛇，因為兩者的外型都像是很長很長的絲帶。事實上，有一種銀白色的皇帶魚，身體長度可達 10 公尺以上。

皇帶魚生活在深海中，很少被人看見。牠的紅色背鰭從頭部延伸到尾部，背鰭的

皇帶魚有很多傳說，許多日本漁民稱牠為「龍宮使者」。

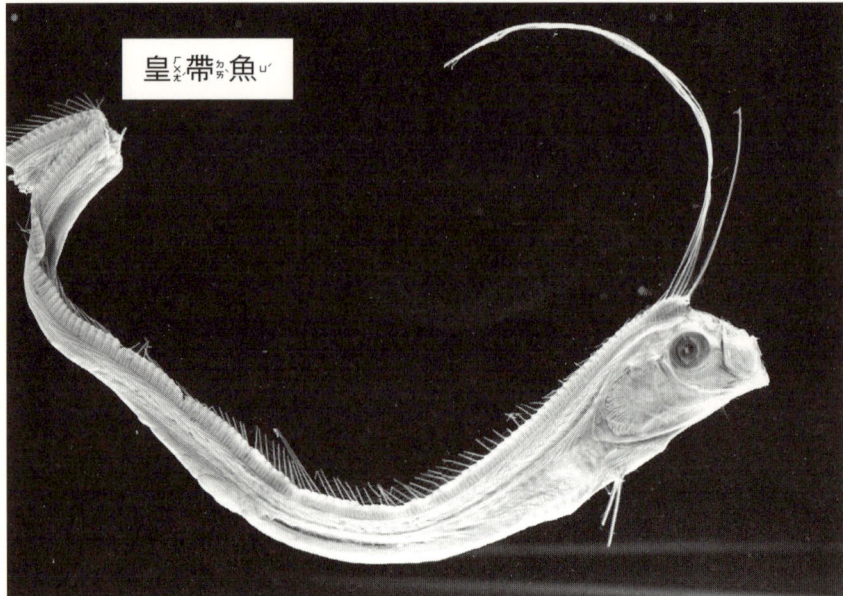

皇帶魚

前幾個鰭條特別長，看起來有點像是羽毛做的頭飾。許多人將皇帶魚稱為地震魚，因為他們相信，皇帶魚可以感應到地殼的變動，在地震來臨時游到淺海避難。

粉紅哥布林與餅乾模

多數鯊魚生活在淺海中，但也有少數罕見的種類棲息

在深海裡。歐氏尖吻鯊就是一種深海鯊魚，有人稱牠為「哥布林鯊」。在西方神話中，「哥布林」是邪惡的精靈，但哥布林鯊並不是妖魔鬼怪，牠只是因為有又長又尖、向前方突出的口鼻部，所以看起來非常奇怪。

　　歐氏尖吻鯊遇到獵物時，上下顎會快速的向外伸出來捕捉獵物。

歐氏尖吻鯊因為有半透明的皮膚，微微透出血液的顏色，所以看起來有粉紅色的身體。

歐氏尖吻鯊

巴西達摩鯊也是一種深海鯊魚，牠們在深海游動時，腹部的發光器會發出藍綠色的光，看起來就像是從海水上層透入的光線，讓在牠下方的獵食者很難發現牠。

巴西達摩鯊除了會捕食鮪魚、烏賊、魷魚等，也會吸附在大魚或鯨豚身上。

巴西達摩鯊的嘴呈圓形，當牠咬住受害者後，會一圈又一圈的扭轉自己的身體、同時撕咬對方，因此在受害者身上留下幾乎是正圓形的洞，就好像用餅乾模在受害者身上壓模一樣。

儘管許多深海生物的長相實在難以想像，乍看之下就

有時就連潛水艇的外殼上，都有巴西達摩鯊留下的咬痕！

68

像傳說中的怪物，但牠們都和我們一樣，是地球上的居民，只不過因為住在深邃的大海裡，讓人很難好好認識牠們。大海中還有許多神祕的地方、奇妙的生物，等著我們去發現。

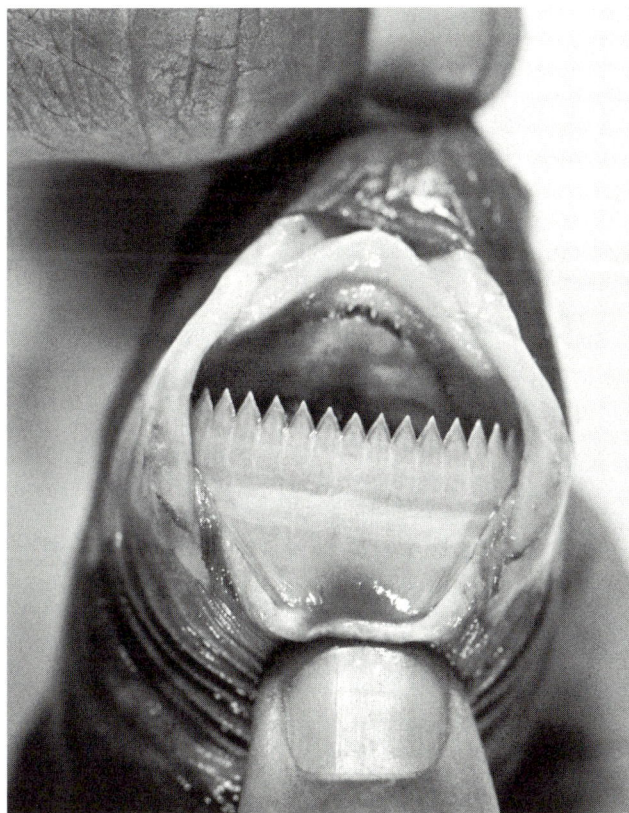

從這張照片可以看到巴西達摩鯊圓形的嘴，以及嘴裡的利齒。

海底的巨型管蟲

在海底火山口附近，常會出現「深海熱泉」，這些從海床裂縫中噴出的海水，因為受到地底岩漿的加熱，溫度可以高達攝氏400度！

科學家在太平洋的一處深海熱泉附近，發現了一大群巨型管蟲，牠們有亮紅色羽毛狀的頭部，看起來就像一條條口紅。這種管蟲可以生長到大約2.4公尺長。

管蟲沒有嘴也沒有內臟，因此必須靠身體內部的共生細菌將水中的化學物質轉換成養分，才能生存。

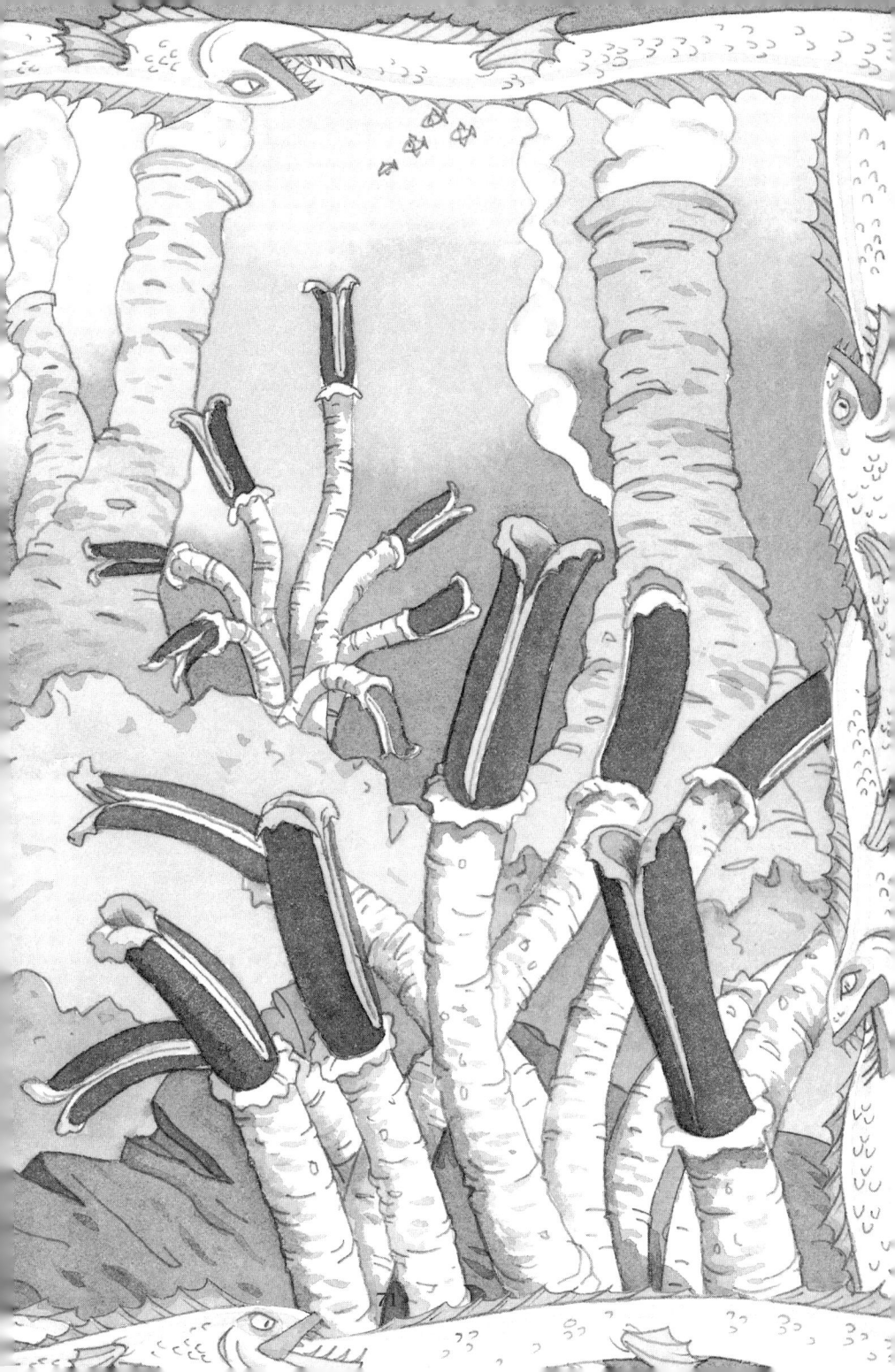

5

史前時代的海洋

　　億萬年前，海洋裡住著許多驚人的動物。當時人類還沒有出現，沒有辦法記錄下世界上發生的事情，因此大家將這段沒有歷史紀錄的時期稱為**史前時代**。

　　很多超乎想像的動物生活在史前的**中生代**，也就是距今約兩億五千萬年前到

六千五百萬年前，這段期間也稱為爬行動物時代。

中生代長達約一億八千萬年，在中生代或更早以前，陸地上和海洋裡就已經住著許多凶猛的動物。我們對這些史前動物的認識，大多來

盤古大陸

兩億五千萬年前的陸地。

自於牠們留下來的化石。

在中生代初期，地球上只有一塊巨大的陸地，也就是**盤古大陸**。這塊大陸在之後的數千萬年間，逐漸分裂成目前我們所知的各塊大陸。

中生代的地球比現在溫暖

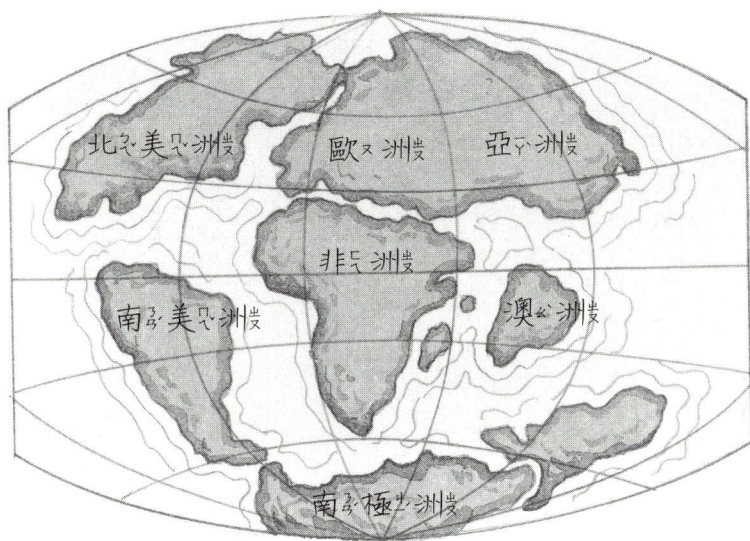

北美洲　歐洲　亞洲

非洲

南美洲　　　澳洲

南極洲

七千萬年前的陸地。

許多，當時的北極和南極幾乎沒有冰雪覆蓋，海洋占地表的面積也比現在大。巨大的蕨類和開花植物在溫暖的氣候中生長，恐龍漫遊在大地上；大型的有翅爬行類從空中呼嘯而過；海洋裡則有像恐龍一樣龐大的爬行類、像怪獸般可怕的大鯊魚，還有其他奇特的生物。

海洋裡的爬行類

住在古代海洋裡的爬行類並不是恐龍，牠們和現代蜥蜴或蛇的血緣關係比較近。在恐龍稱霸陸地的時期，海洋爬行類也統治著海洋。多數的海洋爬行類都有龐大的

身軀、頭部和牙齒；牠們是大海中致命的獵人，行動非常敏捷。

如果你能親眼見到這些古代海洋生物的化石，一定會覺得不可思議，因為我們實在很難想像，地球上曾經住著這麼巨大又特別的動物！

讓我們一起潛入史前時代的海洋，看看那些大得嚇人的生物吧！

鄧氏魚

鄧氏魚生存在四億年前的泥盆紀，比中生代還久遠，牠們可以長到 8 公尺長、重達 4000 公斤，是當時的海洋中最巨大的掠食性動物。

鄧氏魚有非常強壯的上下顎，可以輕鬆的咬穿甲殼，就連鯊魚也可以一口咬成兩截。你或許會以為牠們嘴裡一定長滿巨大的牙齒，但鄧氏魚其實沒有真正的牙齒，而是靠著顎骨前端、兩排像鍘刀一樣的鋸齒狀利骨，來撕咬獵物。

鄧氏魚雖然食量驚人，但是無法完全消化牠吃下的食物，因此在牠的化石周圍，

常可發現被咬掉一半的動物
甲殼，或是無法消化的食物
殘渣所形成的團塊。

這些剪影圖可以讓你
比較我們和這些
史前動物的體型大小。

滑齒龍

　　說到海中巨無霸，一定不能忽略滑齒龍。牠的身長可達 25 公尺，比在高速公路上行駛的大拖車還要長，比暴龍重二十倍。

　　滑齒龍生活在中生代的侏

羅_{ㄌㄨㄛ}紀_{ㄐㄧ}， 身_{ㄕㄣ}體_{ㄊㄧ}兩_{ㄌㄧㄤ}側_{ㄘㄜ}共_{ㄍㄨㄥ}有_{ㄧㄡ}兩_{ㄌㄧㄤ}對_{ㄉㄨㄟ}鰭_{ㄑㄧ}狀_{ㄓㄨㄤ}肢_ㄓ； 上_{ㄕㄤ}下_{ㄒㄧㄚ}顎_ㄜ強_{ㄑㄧㄤ}而_ㄦ有_{ㄧㄡ}力_{ㄌㄧ}， 嘴_{ㄗㄨㄟ}裡_{ㄌㄧ}有_{ㄧㄡ}二_ㄦ十_ㄕ多_{ㄉㄨㄛ}公_{ㄍㄨㄥ}分_{ㄈㄣ}長_{ㄔㄤ}的_{ㄉㄜ}利_{ㄌㄧ}齒_ㄔ， 形_{ㄒㄧㄥ}狀_{ㄓㄨㄤ}跟_{ㄍㄣ}老_{ㄌㄠ}虎_{ㄏㄨ}的_{ㄉㄜ}犬_{ㄑㄩㄢ}齒_ㄔ很_{ㄏㄣ}像_{ㄒㄧㄤ}。 此_ㄘ外_{ㄨㄞ}， 滑_{ㄏㄨㄚ}齒_ㄔ龍_{ㄌㄨㄥ}可_{ㄎㄜ}以_ㄧ在_{ㄗㄞ}水_{ㄕㄨㄟ}中_{ㄓㄨㄥ}嗅_{ㄒㄧㄡ}出_{ㄔㄨ}獵_{ㄌㄧㄝ}物_ㄨ的_{ㄉㄜ}氣_{ㄑㄧ}味_{ㄨㄟ}， 因_{ㄧㄣ}此_ㄘ可_{ㄎㄜ}以_ㄧ在_{ㄗㄞ}很_{ㄏㄣ}遠_{ㄩㄢ}的_{ㄉㄜ}距_{ㄐㄩ}離_{ㄌㄧ}外_{ㄨㄞ}發_{ㄈㄚ}現_{ㄒㄧㄢ}獵_{ㄌㄧㄝ}物_ㄨ。

薄板龍

　　薄板龍的長相有一點讓人難以相信牠是曾經真實存在的生物：牠的體長有14公尺，脖子就占了一半的長度，頸椎超過70節！

　　薄板龍的食物包括魚類和一種類似魷魚的小型海洋生物。科學家從薄板龍的化石中發現，牠們的胃部有許多石頭，所以薄板龍很可能會把石頭吞進胃裡，幫助磨碎食物，就像鱷魚一樣。

　　薄板龍的化石，在大約一百多年前首次被發現時，知名的古生物學家愛德華・德林克・科普試著將牠的骨骼拼在一起，結果犯了一個嚴

重的錯誤：把頭裝到尾巴末端，而不是裝在脖子上！這讓他直到過世前都很懊惱！

劍射魚

　　劍射魚也被稱為「鬥牛犬魚」，牠的下顎向外伸出，露出可怕的尖利牙齒。

　　劍射魚的尾鰭強而有力，讓牠們可以每小時55公里的速度在海中前進！

　　有些劍射魚可以長達 6 公尺。科學家在劍射魚的化石中發現，牠們也會吃下體型比自己還大的其他動物。靠著速度和利齒，這些鬥牛犬魚是海中最凶猛的獵人之一！

85

巨牙鯊

在美國馬里蘭州、北卡羅萊納州和加州海岸，人們有時會撿到一些巨大的鯊魚牙齒，這些牙齒幾乎跟餐盤一樣大，長度將近20公分！

科學家相信，這些恐怖的牙齒來自一種叫做巨牙鯊的史前生物。顧名思義，巨牙鯊有一口巨大的牙齒，牠們出現在距今約兩千萬年前。

就像現今的鯊魚，巨牙鯊

的骨骼主要由軟骨組成，由於軟骨組織會腐爛，因此幾乎沒有人發現過巨牙鯊的骨骼化石，只有堅硬的牙齒可以保留下來。

科學家從這些牙齒化石推測，巨牙鯊比現在的大白鯊還要大兩倍，可能超過 15 公尺長，牠們的大嘴張開可達 2.1 公尺高、1.8 公尺寬！這麼大的嘴巴，讓科學家相信，牠們的主要食物是鯨類。

6

大海怪的傳說

幾千年來，人們都相信海裡有大海怪出沒。遠古時期的人類曾在岩洞壁上畫下奇怪的海洋生物；古希臘人也相信有位海怪女神叫做凱托，統管所有的大海怪。

世界各地有數以百計的人宣稱曾經看過大海怪。直到今天，每年還有很多旅行團拜訪蘇格蘭，只為看看能不

能幸運的遇到據說住在尼斯湖裡的水怪。

宣稱自己看過海怪的人，對海怪有各式各樣的描述。有些人說海怪看起來像是恐怖的大海蛇，有些人則說海怪身上有許多又長又粗的手臂，會把船拖下海底。也有水手說自己曾親眼目睹身體長得像獅子、眼神很凶惡的海怪。

海怪目擊者

1734 年，傳教士漢斯·埃格德搭船前往格陵蘭。航行途中，他突然聽到船上有人在大聲喊叫。漢斯往海上張望，看見了「一隻可怕的海

這ㄓㄜˋ是ㄕˋ根ㄍㄣ據ㄐㄩˋ漢ㄏㄢˋ斯ㄙ・埃ㄞ格ㄍㄜˊ德ㄉㄜˊ的ㄉㄜ˙描ㄇㄠˊ述ㄕㄨˋ繪ㄏㄨㄟˋ製ㄓˋ的ㄉㄜ˙想ㄒㄧㄤˇ像ㄒㄧㄤˋ圖ㄊㄨˊ。

中ㄓㄨㄥ生ㄕㄥ物ㄨˋ」。他ㄊㄚ在ㄗㄞˋ筆ㄅㄧˇ記ㄐㄧˋ中ㄓㄨㄥ描ㄇㄠˊ述ㄕㄨˋ到ㄉㄠˋ，這ㄓㄜˋ隻ㄓ怪ㄍㄨㄞˋ物ㄨˋ的ㄉㄜ˙身ㄕㄣ體ㄊㄧˇ後ㄏㄡˋ半ㄅㄢˋ部ㄅㄨˋ長ㄓㄤˇ得ㄉㄜ˙像ㄒㄧㄤˋ一ㄧˋ條ㄊㄧㄠˊ蛇ㄕㄜˊ，而ㄦˊ且ㄑㄧㄝˇ會ㄏㄨㄟˋ像ㄒㄧㄤˋ鯨ㄐㄧㄥ一ㄧˊ樣ㄧㄤˋ噴ㄆㄣ氣ㄑㄧˋ。

北ㄅㄟˇ海ㄏㄞˇ巨ㄐㄩˋ妖ㄧㄠ庫ㄎㄨˋ拉ㄌㄚ肯ㄎㄣˇ

距ㄐㄩˋ今ㄐㄧㄣ大ㄉㄚˋ約ㄩㄝ五ㄨˇ百ㄅㄞˇ年ㄋㄧㄢˊ前ㄑㄧㄢˊ，有ㄧㄡˇ位ㄨㄟˋ作ㄗㄨㄛˋ家ㄐㄧㄚ描ㄇㄠˊ寫ㄒㄧㄝˇ了ㄌㄜ˙出ㄔㄨ沒ㄇㄟˊ在ㄗㄞˋ挪ㄋㄨㄛˊ威ㄨㄟ和ㄏㄜˊ冰ㄅㄧㄥ島ㄉㄠˇ海ㄏㄞˇ岸ㄢˋ附ㄈㄨˋ近ㄐㄧㄣˋ的ㄉㄜ˙海ㄏㄞˇ怪ㄍㄨㄞˋ。

作家將這種海怪命名為庫拉肯，並說庫拉肯的體型跟一座小島一樣大，而且非常強壯，能夠把整艘戰艦拖進海底。

後來，陸續出現許多庫拉肯襲擊船隻與人類的傳說。

這幅庫拉肯攻擊船隻的想像圖，約在 1700 年完成。

水手們描述當庫拉肯潛回海底時，海面上會形成致命的巨大漩渦。

有關庫拉肯的故事後來在世界各地流傳。有人說庫拉肯看起來像是巨大的龍蝦或螃蟹，也有人認為庫拉肯是巨大的鯨；後來大家似乎都同意，庫拉肯更像是巨大的章魚。

科學家相信，庫拉肯應該就是大王魷，或許有些大王魷曾經錯把船隻當作獵物，才會被誤認為大海怪。想像一下：如果我們是古代小船上的水手，看到大王魷身上那些巨大的腕，應該也會把牠當作大海怪吧！

93

儒勒‧凡爾納盃航海比賽

十九世紀時，儒勒‧凡爾納寫了一本有關海洋冒險的小說《海底兩萬里》，書中描述大王魷把船隻拖往海底的情景；這本書和他的另一部作品《環遊世界八十天》都是暢銷世界的名著。

為了紀念這位法國作家，2003 年舉辦的一場帆船航海比賽，就稱為「儒勒‧凡爾納盃」。比賽途中，一艘船的船員突然感覺船好像撞到什麼東西，他們連忙察看船底，結果竟然看到幾隻巨大的觸腕正在拉扯他們的船！據其中一位船員說，這些觸腕就跟人的腿一樣粗壯！後

這張插畫取自1870年初版的
《海底兩萬里》法文版。

來大家都認為，他們遇到的
就是大王魷。

在以儒勒・凡爾納為名的航海比賽中竟出現大王魷，真是奇妙的巧合！會不會當初傳教士漢斯・埃格德看到的怪物，跟這次事件的主角一樣也是大王魷呢？

加勒比海的海怪盧斯卡

加勒比海島嶼位在靠近中美洲的大西洋中。

住在加勒比海島嶼上的人們，流傳著盧斯卡大海怪的傳說。據說盧斯卡是一半鯊魚、一半章魚的怪物，體長超過22公尺。傳說盧斯卡會在海底的礁石洞裡築巢。

加勒比海的人們相信，當盧斯卡吸氣時，海水會流入牠的海底洞穴中；當盧斯卡吐氣時，海水則會從海底向

96

上噴湧。 在某些故事裡， 盧斯卡還會變色。

很多科學家猜測盧斯卡可能是某種章魚， 因為章魚具有改變體色的能力， 而且章魚也會吃其他海洋動物， 並且住在海底的洞穴裡。

成為新聞頭條的海怪

1817 年， 美國麻薩諸塞州的格洛斯特鎮發生一場大騷動， 鎮上的人都被警告港口有條可怕的海蛇出沒。

根據目擊者描述， 這條海蛇的身體是棕色的， 長度約 12 公尺， 有一個很像烏龜的頭部， 大小則比一般的家犬大一些， 頭上還有一支角。

這張 1817 年的畫作描繪在格洛斯特鎮出現的海蛇。

牠在海裡游動的方式，很像一隻蠕動的毛毛蟲。

這條大海蛇來回港口好幾次，大約有兩百人聚集在碼頭圍觀這駭人的景象。

這個海怪事件沒多久就落幕，鎮上又恢復往常的生活

當時還有人駕船去追這條海蛇，並朝牠開槍。

98

步調，但直到現在都沒人知道那到底是什麼生物。

1848 年，一艘英國軍艦在南大西洋航行，突然從海面上浮現一隻頭上有鬃毛、身長超過 18 公尺的巨大動物。

有關大海怪的報導再一次登上報紙的頭條，結果也一樣無疾而終，沒有人知道那隻動物到底是什麼。

尼斯湖水怪

幾千年以前，蘇格蘭的尼斯湖周圍住著一群驍勇善戰的人，他們在石頭上刻下曾經見過的所有動物。在這些石刻中，有一種動物看起來像是巨大的水中怪物。

幾千年來，很多人都說曾在尼斯湖中看過這種動物，後來大家就將牠稱為尼斯湖水怪。

1943 年，有位士兵看到尼斯湖水怪在離湖岸邊約230公尺的湖面出現。他說尼斯湖水怪有很長的身體和脖子，游泳時會將脖子和頭伸出水面；後來也有其他人說自己看過同樣的景象。

許多年來，常有人宣稱拍到尼斯湖水怪的照片，這些照片大多很模糊，後來也陸續證明是假的。有人承認自己用黏土和玩具潛水艇做了一隻水怪，再將這隻假的水怪放進尼斯湖裡拍照。

尼斯湖水怪的英文名稱 Nessie，來自尼斯湖的英文Loch Ness；Loch 在蘇格蘭語的意思是「湖」。

這張尼斯湖水怪的照片是有名的騙局，已經證明是偽造的。

2003 年，科學家在尼斯湖裡放了六百個聲納裝置，希望能夠發現尼斯湖水怪的蹤跡。但是這套設備完全沒有探測到任何可疑的東西，因此大多數的科學家都認為尼斯湖水怪根本就不存在。

儘管如此，還是有很多人堅信尼斯湖中有未知的生物存在；也有人相信，尼斯湖水怪就是生活在史前時代的蛇頸龍後代。總而言之，尼斯湖水怪的謎底至今還沒有揭曉。

大海怪真的存在嗎？

你認為呢？這是個很難回答的問題。我們相信 1817 年

時，確實有人在格洛斯特鎮港口看到很不尋常的景象。同樣的，幾千年來人們也確實在海上看到許多奇怪且嚇人的生物。

這是 1883 年出版的《大海怪解密》書中的插畫，描繪大海蛇浮出海面的景象。

關於大海怪的故事五花八門，這些生物會不會就是巨型皇帶魚或魷魚？雖然沒有人真正知道事件中的生物是什麼，但這個問題很值得我們好好思考。

我們對大海的認識非常有限，而人們很容易對自己不了解的事物產生恐懼。或許那些出現在深海中或其他地方的怪物，都是因為害怕而想像出來的。

也因為如此，浩瀚深邃的海洋對我們來說，還藏有許多未解的謎團。如果有一天人類能夠完全了解這片神祕的藍色世界，或許我們就能一一解答所有謎團。

進一步的研究

　　關於海怪的傳說和各種深海生物，還有更多有趣的知識等著你去研究。做研究的樂趣，就是可以考驗一下自己，能夠從哪些不同的資料來源，挖掘出意想不到的知識。

接下來提供一些方法，可以幫助你進行各種大海怪的研究。

書籍

在大多數圖書館和書店，都可以找到許多有關海洋和海洋生物的書籍。

當你找到一本對研究有幫助的書，請記得以下幾點：

1. 不必把整本書都讀完。
   先看看目錄和索引，找出感興趣的主題。

2. 把書名抄下來。
   做筆記時，要確認是否把書名抄在筆記本上，這樣下次想參考時，才能再找到同一本書。

3. 千萬不要完全照抄書上的內容。

當你從書上學習到新知識時，請試著用自己的話表達出來。

4. 確認參考書籍的真實性。

有些關於海洋生物的書籍是虛構的故事，這類虛構的故事稱為**小說**。這些書籍讀起來非常生動有趣，但並不適合拿來做研究。

對研究有幫助的書籍，最好是描述確切的事實與真實的事件，而不要有虛構的情節，這類書籍稱為**知識讀本**。

圖書館員或老師可以幫助你分辨參考書籍是小說，還是知識讀本。

這裡列出幾本有關海洋生物的中文書籍：

- 《深海奇珍》，萊兒‧露芙安著，洪萍凰、李雅媚譯（商周）。

- 《海洋生物》，華特迪士尼有限公司，洪琇雅編（世一）。

- 《魚君的海洋學堂01-03》，魚君著／繪，中坊徹次監修（台灣角川）。

- 《印象深海》，廖運志、邵廣昭著（國立海洋生物博物館）。

- 《藍色星球：一部海洋的自然史》，艾雷斯泰‧法瑟吉爾等著，許瓊瑩譯（時報）。

- 《海底世界尋寶大作戰》，Gomdori co.著，徐月珠譯（三采）。
- 《水中蛟龍》，程延年等著（國立自然科學博物館）。

以-及ㄐ幾ㄐ本ㄅ英ㄥ文ㄨ書ㄕ籍ㄐ：

- *Dive! A Book of Deep-Sea Creatures* by Melvin Berger
- *Encyclopedia Prehistorica: Sharks and Other Sea Monsters* by Robert Sabuda and Matthew Reinhart
- *Giant Squid: Mystery of the Deep* by Jennifer Dussling and Pamela Johnson
- *Octopuses and Squids* by Mary Jo Rhodes and David Hall
- *Outside and Inside Giant Squid* by Sandra Markle
- *Real-Life Sea Monsters* by Judith Jango-Cohen and Ryan Durney

科學館與博物館

　　有些科學館和自然博物館
會有關於深海生物或古代海
洋的展覽， 這些展覽可以幫
助你認識許多生活在海洋中
的生物， 或是了解古代的海
洋和現在有什麼不同。

當你到科學館或博物館參觀
時， 要記得以下幾件事：

1. 一定要帶著筆記本！
　　把你感興趣的每件事物都
　　記下來， 也可以用畫的。

2. 多發問。
　　科學館和博物館一般都有
　　導覽人員， 可以幫你找尋
　　你想找的東西。

3. 記得看一看科學館或博物館的活動行事曆。

許多科學館和博物館都有專門為兒童設計的特展或活動。

位於屏東的國立海洋生物博物館中，有一座「世界水域館」，其中的常設展覽包括「古代海洋」展：除了透過虛擬影像科技，重建各個地質年代的古海洋生態，還有「海洋爬行類」劇場，透過大銀幕，將曾經生活在海洋中的古代爬行類呈現在觀眾面前。此外，還有「深海水域」展：以虛擬實境的技術，讓參觀者彷彿搭乘潛水

艇下潛， 認識深海特殊的生態景觀， 以及各種生活在深海裡的奇特生物。

位於臺中的國立自然科學博物館， 曾於 2009 年 12 月 11 日至 2010 年 5 月 9 日間， 舉辦「 水中蛟龍： 水棲爬行動物化石特展」 ， 介紹古代海洋中的水中爬行類。 特展雖已結束， 但仍可參考特展專書《 水中蛟龍》 ， 以及特展網頁： www.nmns.edu.tw/public/exhibit/2009/sea-dragon， 獲得更多相關知識。

以下列出幾所國際知名的博物館，裡面有關於深海的展覽，有機會可以前往參觀：

- 美國自然史博物館，位於紐約州的紐約市。
- 丹佛自然科學博物館，位於科羅拉多州的丹佛市。
- 蒙特利灣水族館，位於美國加州的蒙特利市。
- 國家水族館，位於美國馬里蘭州的巴爾的摩市。
- 新英格蘭水族館，位於美國麻薩諸塞州波士頓市。
- 西雅圖水族館，位於美國華盛頓州的西雅圖市。
- 雪德水族館，位於美國伊利諾州的芝加哥市。

影片

　　市面上有一些關於深海生物和古代海洋的影片。找影片就像找參考書籍一樣，請務必確認影片的真實性，因為虛構的商業電影裡常參雜許多想像！

你可以在圖書館或是影片出租店，找到下列關於深海生物或古代海洋的知識影片：

- 「海底深淵」，BBC英國國家廣播公司。
- 「藍色星球」，BBC英國國家廣播公司。
- 「海底漫遊」，BBC英國國家廣播公司。

- 「探索深海祕境」，BBC英國國家廣播公司。
- 「與恐龍共舞」，BBC英國國家廣播公司。

網站

　　許多網站提供了大量關於深海魚類和古代海洋生物的知識，　有的網站甚至還有小遊戲，　讓你的學習過程更有樂趣！

這裡列出一些介紹魚類和古代海洋的網站，　你也可以請老師或爸媽幫忙查詢，　找出更多相關的優質網站：

- 國立海洋科技博物館 —— 海洋學習站：

http://www.nmmst.gov.tw/chhtml/mlist/23/1

- 深海異形 —— 奇形怪狀的深海魚類：

http://fishdb.sinica.edu.tw/chi/deepsea/
select.php

- 中央研究院生物多樣性研究中心，台灣魚類資料庫：

http://fishdb.sinica.edu.tw/chi/home.php

- 國立自然科學博物館「水中蛟龍──水棲爬行動物化石特展」網站：

http://www.nmns.edu.tw/public/
exhibit/2009/sea-dragon/

索引 ^{ㄙㄨㄛˇ ㄧㄣˇ}

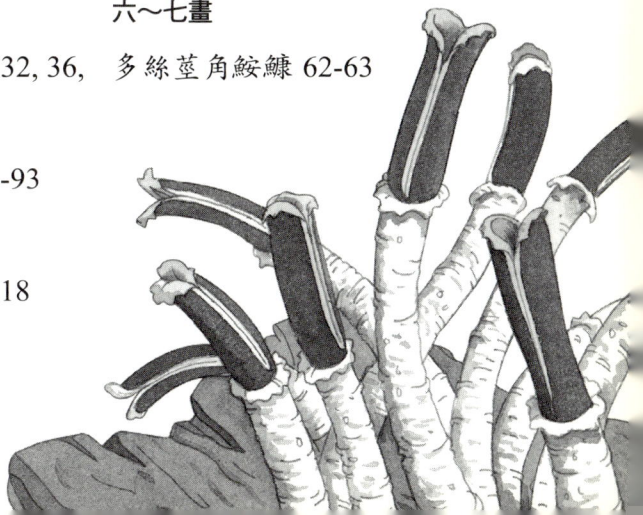

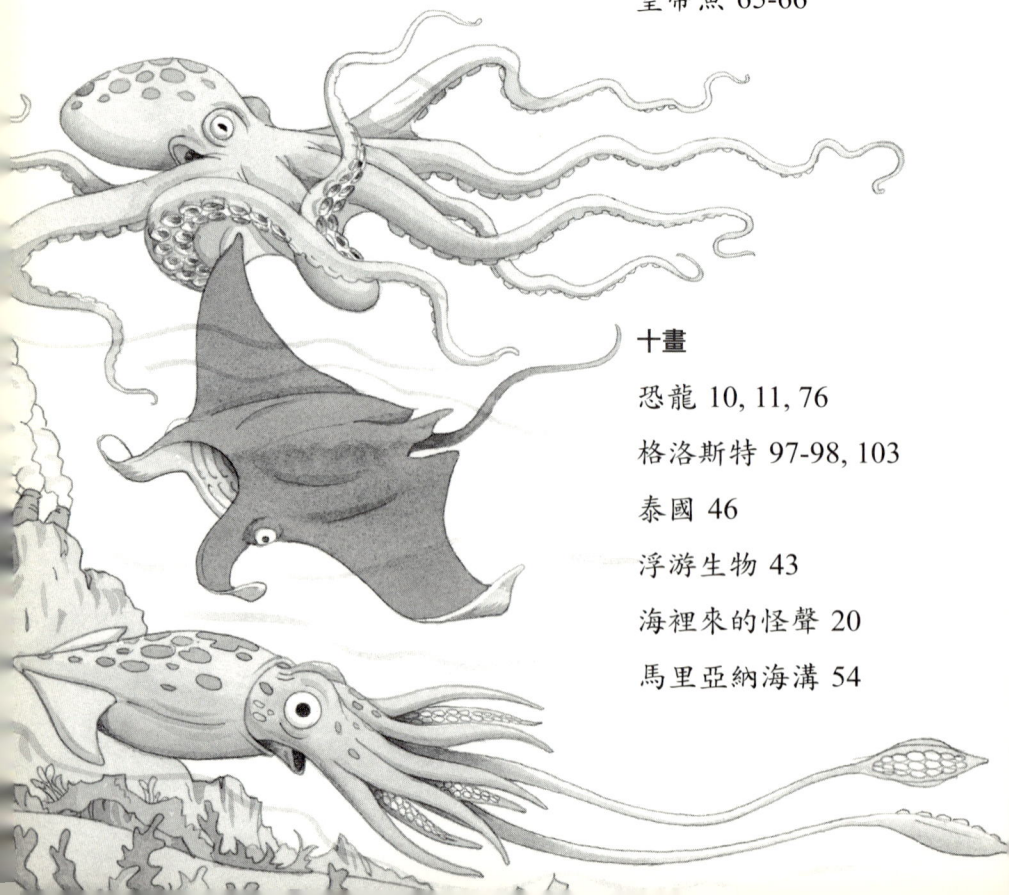

圖ㄊㄨˊ片ㄆㄧㄢˋ來ㄌㄞˊ源ㄩㄢˊ

歡迎進入 神奇樹屋的世界！

神奇樹屋系列

國家圖書館出版品預行編目（CIP）資料

大海怪／瑪麗·波·奧斯本（Mary Pope Osborne），
　娜塔莉·波·博以斯（Natalie Pope Boyce）文；
　薩爾·莫多卡（Sal Murdocca）、吳健豐圖；劉藍玉譯.
　-- 第一版. -- 臺北市：遠見天下文化，2013.11
　　面；　公分. --（神奇樹屋小百科；16）（工具書館；116）
　注音版
　譯自：Sea Monsters
　（MAGIC TREE HOUSE FACT TRACKER series, BOOK#17）
　ISBN 978-986-320-333-9（平裝）
　1.海洋生物　2.通俗作品

366.98　　　　　　　　　　　　　　　　　102023243

典藏小天下叢書的 5 種方法

1. 網路訂購

歡迎全球讀者上網訂購，最快速、方便、安全的選擇
小天下書坊 http://www.gkids.com.tw

2. 請至鄰近各大書局選購

3. 團體訂購，另享優惠

請洽讀者服務專線（02）2662-0012 或（02）2517-3688 分機 912
單次訂購超過新台幣一萬元，台北市享有專人送書服務。

4. 加入「天下遠見讀書俱樂部」

到專屬網站 http://www.gkids.com.tw 登錄「會員邀請書」

5. 親至遠見·天下文化事業群專屬書店「93巷人文空間」選購

地址：台北市松江路93巷2號1樓　電話：（02）2509-5085 **轉**753、754

神奇樹屋小百科⑯ 大海怪

小天下
2002年10月創立

作　　者	瑪麗·波·奧斯本 (Mary Pope Osborne)、娜塔莉·波·博以斯 (Natalie Pope Boyce)
繪　　圖	薩爾·莫多卡 (Sal Murdocca)、吳健豐
譯　　者	劉藍玉
執行副總編輯	李　黨
責任編輯	黃雅蕾
封面設計暨美術編輯	吳慧妮（特約）

出 版 者	遠見天下文化出版股份有限公司
創 辦 人	高希均、王力行
遠見·天下文化·事業群 董事長	高希均
事業群發行人／CEO	王力行
出版事業部總編輯	許耀雲
版權部經理	張紫蘭
法律顧問	理律法律事務所陳長文律師
著作權顧問	魏啟翔律師
社　　址	台北市104松江路93巷1號
讀者服務專線	（02）2662-0012
傳　　真	（02）2662-0007；（02）2662-0009
電子信箱	gkids@cwgv.com.tw
直接郵撥帳號	1326703-6號　遠見天下文化出版股份有限公司

製 版 廠	東豪印刷事業有限公司
印 刷 廠	盈昌印刷有限公司
裝 訂 廠	政春裝訂實業有限公司
登 記 證	局版台業字第2517號
總 經 銷	大和書報圖書有限公司　電話（02）8990-2588
出版日期	2013年11月28日第一版第1次印行

定價／180元
原著書名／MAGIC TREE HOUSE FACT TRACKER series ——
　　　　Book #17: Sea Monsters
Text copyright © 2008 by Mary Pope Osborne and Natalie Pope Boyce
Illustrations copyright © 2008 by Sal Murdocca
Complex Chinese Edition Copyright © 2013 by Global Kids Books,
a member of Commonwealth Publishing Group
Published by arrangement with Random House Children's Books,
a division of Random House, Inc. through Bardon-Chinese Media Agency
Magic Tree House™ is a trademark of Mary Pope Osborne, used under license.
The MAGIC TREE HOUSE™ FACT TRACKER series was formerly known
as the Magic Tree House™ Research Guide series.
ALL RIGHTS RESERVED

ISBN：978-986-320-333-9（平裝）
書　號：KR116

小天下網址 http://www.gkids.com.tw
※本書如有缺頁、破損、裝訂錯誤，請寄回本公司調換。

小天下
Global Kids